novum
VERLAG

D1729344

Ultra-kurzgeschichten

von

Christine Rothenbacher

novum
VERLAG

Bibliographische Information der Deutschen Bibliothek:
Die Deutsche Bibliothek verzeichnet diese Publikation in der Deutschen
Nationalbibliographie. Detaillierte bibliographische Daten sind im Internet über
http://www.ddb.de abrufbar.
ISBN 3-900693-78-1

© 2005 novum Verlag GmbH, Horitschon · Wien · München
Printed in the European Union

Gedruckt auf umweltfreundlichem, chlor- und säurefrei gebleichtem Papier.

www.novumverlag.at   **www.novumverlag.de**

Berliner Ultrakurzgeschichten (1982)

Sprache

Sprache ist ein Medium,
soll demnach vermitteln,
wie ist es dann zu erklären,
dass zwei dieselbe Sprache sprechen
und sich dennoch
nicht verstehen?

Unverständnis

Wie kann ein Christ,
der doch den Menschen
als solchen
liebt,
alle zwingen wollen,
so zu leben,
wie er es für gut hält?

Westdeutschland

Westdeutschland ist
der Rest,
der übrig geblieben wäre,
hätte man Berlin
dem Osten
einverleibt.

Gedicht

Ich sitze,
ich bin leer,
ich bin froh
und traurig zugleich,
als hätte ich etwas verloren
und etwas gewonnen,
es gleicht sich aus,
das bedrückt mich.

Isolation

Ich bin wie ein Ofen,
der nicht mehr brennt,
die Kohlen fehlen,
das Streichholz macht keinen Sinn.

Autogenes Training

Sagt der Irrenarzt zur Depressiven,
sie solle doch
ihre Aggressionen rauslassen
und nicht immer unterdrücken
und bietet ihr im gleichen Atemzug
an,
sich beibringen zu lassen,
wie sie sich autogen
trainieren kann,
um ihre Aggressionen
in den Griff zu kriegen.

Das Innerste

Manchmal sitz ich da
und habe keine Lust zu gar nichts,
sogar der Gang zum Klo
kommt mir wie eine Expedition zum
Nordpol vor,
ich überlege dann,
woher das wohl kommt,
an äußeren Bedingungen kann es ja wohl nicht liegen,
die waren schon schlimmer,
also denk ich mir,
muss es doch was geben,
was in mir drin ist
und von außen nicht beeinflusst werden kann,
dann freu ich mich
dass ich noch Reste von dem hab',
was früher Seele hieß,
dass ich inmitten der Unfreiheit
mir den letzten Rest
von dem bewahrt habe,
den man Persönlichkeit nennt.

Die Nutte

Sie steht an der Potsdamer Straße,
sie wartet,
nicht auf Godot,
sondern auf einen Freier,
sie ist hässlich,
sie ist fett,
sie macht mich aggressiv,
sie dient den Hässlichen mit Bierbauch
zur Befriedigung ihrer Wünsche,
denen,
die kein Glück haben
bei den Frauen
denen,
die für das bezahlen
was andere umsonst bekommen,
sie hält sich nicht an die Normen,
sie ist ausgeschert,
sie darf fett sein.

Vertrauen

Vertrauen heißt,
sich verlassen können,
nicht: verlassen zu werden,
nicht: missbraucht zu werden,
wo soll Vertrauen herkommen,
wenn man nicht mal mehr
sich selbst vertrauen kann?

Die Norm

Norm bedeutet Durchschnitt,
der Norm entsprechen,
bedeutet Durchschnitt sein,
Herr Maier entspricht der Norm,
er ist Durchschnitt,
ich will nicht wie Herr Maier sein.

Tag für Tag

Tag für Tag steh' ich auf
mit einem totalen Druck in der Magengrube,
mir sitzt sozusagen
die Angst im Nacken,
nicht die Faust,
die Angst,
wieder eine Zahlungserinnerung im Briefkasten zu finden,
eigentlich kann ich auf solche
Erinnerungen
ohne weiteres verzichten,
eine Postkarte meiner Oma beispielsweise
wäre mir lieber,
ich atme auf,
wenn der Briefkasten leer ist,
Gnadenfrist,
dann kaufe ich mein Gnadenbrot ein,
alternativ essen
ist teuer,
weil es halt anders ist,
also werfe ich
meinen Wider über Bord,
esse von Benzoesäure bis Sorbinsäure
alles, was ich kriegen kann,
hoffe drauf,
dass soviel Saures
mich trotz allem
lustig macht.

Der Computer

In meinem Kopf sitzt ein Computer,
Freud nannte ihn Über-Ich,
ich halte das für antiquiert,
also nenn' ich das Unding Computer,
er hält mich auf Trab,
er teilt Befehle aus,
die ich befolgen muss,
auch dann,
wenn mir gar nicht danach ist,
er verbietet mir,
meinem Gefühl zu gehorchen,
denn das
ist nicht lukrativ,
will ich mich auflehnen,
bestraft er mich,
früher wurde das wohl „schlechtes Gewissen" genannt,
eigentlich müsste ich ihm dankbar sein,
trägt er doch Sorge dafür,
dass ich funktioniere,
ich kann ihn aber nicht ausstehen,
ich hab' so 'ne Art totalen Wider
gegen alles,
was nicht menschlich ist.

Babylon

Wenn man als normaler Mensch
und Nichtstudent
in die Verlegenheit kommt
oder die Gelegenheit ergreift
(hängt vom jeweiligen Standpunkt ab),
eine Universität von innen zu erleben,
mitsamt Inventar,
den Studenten also,
und dieselben in einem Seminar
in einer Diskussion betrachtet,
könnte man meinen,
man sei
in Babylon gelandet,
es herrscht allgemeines Sprachgewirr,
das sich in den Köpfen und Gedanken
der Studenten niederschlägt

Freikarten

In einer Zeit,
in der die Eintrittskarten fürs Kino
immer teurer werden,
freu' ich mich jeden Abend
darauf,
dass ich im Schlaf
die verrücktesten Träume habe,
das Schönste daran ist,
dass das Programm ständig wechselt,
und ich meistens die Hauptrolle spiele.

Wissenschaft

Der Nachteil der Wissenschaft
ist:
Sie nimmt dem Menschen
den letzten Rest
von Glauben daran,
dass noch etwas Übernatürliches existiert,
Phänomene,
denen etwas Unglaubliches anhaftet,
werden untersucht,
in logische, begründbare Zusammenhänge gebracht,
ob das wirklich ein Gewinn ist,
wage ich ab und zu
ganz ernsthaft zu bezweifeln.

Dienstag

Man müsste Gedichte schreiben
und alles loswerden,
was einen bedrückt,
was viele bedrückt,
deren Zukunft so sicher
wie schmelzendes Eis ist,
man müsste die Gedichte als Flugblätter drucken,
jedem in die Hand drücken,
an Häuserwände kleben,
auf U-Bahnsitze legen,
in die Briefkästen werfen
als Reklame für ein besseres Leben,
man müsste,
man könnte,
warum mach' ich es nicht?

Streik

Eines Tages beschlossen die grauen Zellen,
der vielen Eindrücke überdrüssig,
die sie tagtäglich verarbeiten sollten
zu heuristischen, konstruktiven Gedanken,
in einen unbefristeten Streik zu treten,
da der Besitzer der grauen Zellen,
gestresst,
wie er durch das Großstadtleben war,
den Streikaufruf völlig überhört hatte,
wunderte er sich,
warum seine Gedanken so blockiert waren,
er litt darunter,
kam sich abwesend und abgeschottet vor,
fand des Übels Wurzel jedoch nicht,
nun gehört er zu den lebendigen Toten,
die Tag für Tag ihre Pflicht erfüllen,
immer mehr konsumieren
und
an nichts mehr Freude haben.

Das Turnen der alten Damen

Rot eingefärbte Gymnastikhosen
heben sich ab
vom schwarzen Trikot der Vereinsmitglieder,
auch dezentes Blau
ist noch der reinste Farbtupfer,
das Turnen der alten Damen,
Gespräche über Muskelkater in den Armen und Händen,
in den Beinen kann gar keiner entstehen,
weil sie nicht bewegt werden,
das Turnen der alten Damen
fängt an mit Eckes Edelkirsch,
hört auf mit Berentzen Appel,
trainiert werden Kehle und Stimmbänder,
sie erinnern mich an Kinder,
diese alten Damen,
die immer einen Grund brauchen,
etwas
an sich Verbotenes zu tun.

Kindheit

Zuzeiten sehne ich mich
nach meiner Kinder zurück,
zu der Zeit also,
in der mein Leben
sich dreiteilig aus Essen, Scheißen und Schlafen
zusammensetzte und mir das,
was man gemeinhin als Erwachsensein bezeichnet,
unbekannt war.

Streifen

Ich „steh'" auf Streifen,
wie man in der Szene so schön sagt,
auf deutsch heißt das,
dass ich Gestreiftes mag,
Streifen sind lustig,
wenigstens etwas Lustiges
in dieser grauen Zeit.

Vergleich

Viren sind kleine unscheinbare Wesen,
die verheerende Krankheiten auslösen können,
Psychologen sind ...

Kotze

Manchmal ist das Leben wie Kotze:
eine schleimige Substanz,
in der unverdaute Reste von gestern herumschwimmen,
die,
wieder an die Luft befördert,
einen widerlichen Gestank verströmen.

Samson

Zur Erinnerung:
Samsons Kräfte
saßen in seinem langen Haar,
nachdem Delilah ihn derselben beraubt hatte,
war Samson ein Schwächling,
ob es wohl ein Zeichen von Emanzipation ist,
dass es für viele Frauen offensichtlich nichts Schlimmeres
gibt,
als den Gedanken,
ihr langes Haar zu verlieren?

Frisch, fromm, fröhlich, frei

Hieß es bei Turnvater Jahn,
im Zuge der allgemeinen Modernisierung
heißt es heute locker, flockig, supercool,
es herrscht das Entweder-oder-Prinzip,
entweder bewege ich mich locker, flockig und supercool
mit den entsprechenden Sprüchen auf den Lippen,
oder ich gehöre
nicht zur neuen deutschen Welle.

Im Café

Ich sitz' im Café
und betrachte die dort Sitzenden,
Kaffeetrinkenden,
Kuchenessenden
oder zwecks Flucht aus dem täglichen Einerlei
einen Eisbecher nach Art des Hauses Verspeisenden
mit meinem tiefgründig-hintersinnigen
Psychologenblick,
und siehe da,
es tut sich was,
die Besagten
essen keinen Kuchen mehr,
sondern würgen die Aggressionen von gestern herunter,
auf dass sie ein für allemal verschwinden,
sie rühren nicht mehr mechanisch ihren Kaffee um,
sondern quirlen ihre Langeweile schaumig,
sie unterhalten sich nicht mehr,
sondern stellen sich mehr oder weniger gelungen selbst
dar,
ich könnte diese Aufzählung beliebig fortsetzen,
aber im Grunde
genommen,
reicht es schon,
um mich davon zu überzeugen,
dass nicht ich diejenige bin,
die hier falsch programmiert ist.

Manchmal

Manchmal sitz'
ich da
und überlege,
was ist eigentlich Kunst?
Ist Kunst Verfremdung dessen,
was natürlich ist?
Dann wundere ich mich nicht mehr,
dass mir der Zugang zu denen,
bei denen nur noch das
zählt, was künstlich ist,
so schwer fällt,
sie sind selber Kunst geworden,
ihre Sprache ist künstlich,
ihre Gebärden sind künstlich,
ihr Denken ist künstlich,
sie verhalten sich wie Puppen,
die auf Knopfdruck
allerlei Sachen machen können,
wie zum Beispiel lachen,
mit Puppen kann man spielen,
nur leider bin ich aus dem Alter
schon seit Jahren raus.

Und noch'n Gedicht?

Nee, heute nicht,
ich käme mir vor wie ein Lackaffe,
wenn ich jetzt schreiben würde
über meine Schuhprobleme,
wenn der Schuhschrank voll ist,
und die Polen echt keine haben,
über mein Übergewicht von zwei Kilo,
wenn es wirklich fette Frauen gibt,
über meine Armut,
wenn ich einen Bettler sehe,
über meinen Dummheit,
wenn ich einen Irren sehe,
wirklich schlimm ist
meine Blindheit den Bedürfnissen anderer gegenüber,
meine Kaltschnäuzigkeit meinem Mann gegenüber,
mein Geiz mir selbst und allen anderen gegenüber.

Lorelei 1982

Ich weiß nicht,
was soll es bedeuten,
dass ich so kurzsichtig bin,
ich weiß nicht,
was soll es bedeuten,
dass ich die Dinge nie so sehen will,
wie sie sind,
ich weiß nicht,
was soll es bedeuten,
dass ich mich dabei auch noch
wohl fühlen kann.

Sonntag

Die Augen schlage ich mit Mühe auf,
als fiele es mir schwer,
den einzig freien Tage der Woche
zu genießen,
vieles fällt mir ein,
was während der Woche unerledigt geblieben ist,
viel zu viel,
ich werde hektisch,
noch im Bett,
ich mag nicht aufstehen,
tu es aber doch,
schlafe wieder nicht aus,
die Woche holte mich ein.

Für Hans

Du bist einfach weggegangen,
ohne mir etwas zu sagen,
und ich habe wieder Angst,
ich hätte dich verletzt
und du würdest nicht mehr zurückkommen
und ich fühle mich wie ein Schwein,
weil ich denke,
ich hätte dich verloren
nur wegen zweier minderwertigkeitskomplexgeplagter
Frauen
von der Uni,
jetzt fange ich an zu heulen,
weil ich denke,
das Einzige,
was mir was wert ist,
dich, hätte ich vergrault
und mir
wieder alles kaputt gemacht.

Wut

Manchmal sitz' ich da
und merke,
dass ich wütend bin,
ich merke,
dass diese Wut sich selbständig macht,
sie breitet sich in mir aus,
nimmt mich in Besitz,
möchte mich vom friedlichen Bürger
zur menschenmordenden Bestie transformieren,
wenn ich nicht per Erziehung
gelernt hätte,
mich gegen diese Empfindung
mit aller Macht zu wehren,
würde es in Berlin
wohl nur noch ganz wenige Menschen geben,
so pflege ich dieses Gefühl
mittels diverser Lebensmittel
herunterzuwürgen,
anstatt endlich einmal etwas zu tun,
das sich nicht gegen mich selbst
richtet.

Engel

Ich hätte es mir
nicht träumen lassen,
Engel gibt es noch,
ich sehe sie auf der Straße,
sie schweben
statt zu gehen,
sie säuseln
statt zu reden,
sie denken
statt zu tun,
sie glauben
statt zu wissen,
sie sind so abgehoben,
dass es mich wundert,
dass sie noch nicht weggeflogen sind.

Vampire

Und Vampire sterben nicht aus,
im Gegenteil,
ihre Verbreitung nimmt in geometrischer Reihe zu,
bald wird es nur noch
Vampire geben,
der eine saugt den anderen aus,
der eine macht den anderen zum Vampir,
du merkst es nicht,
der Vampir sieht nicht aus wie Graf Dracula,
o nein,
er sieht genauso aus wie Herr Maier von nebenan,
der,
der immer so freundlich grüßt
und dir danach
all seine Sorgen und Nöte erzählt.

Der Morgen in Berlin

Er gefällt mir,
all die Superalternativen,
all die, die den Tag mit der Nacht vertauschen,
all die, die mir auf die Nerven gehen,
sind noch nicht oder nicht mehr auf der Straße,
auch die verbitterten Gesichter,
der unbefriedigten Tippsen, Abteilungsleiter, …,
muss ich nicht sehen,
ich genieße den Morgen,
er gehört mir,
wenigstens etwas,
was mir gehört.

Der Mittag in Berlin

In der U-Bahn,
auf der Straße,
im Park,
im Supermarkt,
überall sehe ich sie,
die Nutten,
die kuchenfressenden Kriegerwitwen,
die weltuntergangsgestimmten Junkies,
die Türkenfrauen,
die miesepetrigen Hausfrauen, deren Traum vom großen
Glück sich irgendwann auf den Besitz einer Geschirrspül-
maschine reduzierte,
sie tun alle sehr geschäftig,
sie rennen,
sie rempeln,
ich weiß gar nicht,
was das soll,
der Mittag wird mir gestohlen.

Der Abend in Berlin

Da kommen sie
aus ihren Löchern gekrochen,
die Superalternativen,
die notorischen Nachtschwärmer,
sie stürzen sich auf die Kneipenstühle,
die Diskoböden,
die für sie die Welt bedeuten,
die ersteren schwafeln,
die zweiten können nicht mal mehr das,
sie tanzen das Solo des abgestorbenen Menschen
unter Neonlicht,
damit Weißes noch weißer wird,
wenigstens etwas,
das rein ist,
nachdem mir schon der Mittag gestohlen wurde,
macht mir der Verlust des Abends
schon gar nichts mehr aus.

Mauerkoller

Die Mauer,
zuerst nicht sichtbar,
nicht fühlbar,
kann nicht verdrängt werden,
sie ist da,
rückt näher,
immer näher,
legt einen Ring
nicht um die Stadt,
nein, um meinen Kopf,
dringt ein in den Kopf,
zieht sich um das Gehirn,
ist es das,
was man unter Kaltem Krieg versteht?

Amerika

In Berlin
träumt das
Noch-Wirtschaftswunderkind
den altbackenen Traum
von
Amerika,
dem Land der unbegrenzten
Highways,
ist es anders als hier?
Ersetzt Platzangst dann
Klaustrophobie?

Lebensabend

Er fragte:
„Ist
das
alles?"

Frühling

Die Sonne
scheint
wie immer,
nein,
sie strahlt sogar,
der Frühling
kommt,
warum also
bin ich
traurig?

Zufrieden

Die Hände über
dem Bauch zusammengefaltet
sitzt
die alte Frau
zufrieden in der Sonne,
Zufriedenheit ist also
eine Folge von Alter
und Bauch.
Eines allein genügt
nicht?

Bulimie

Sie sitzt vor dem Kühlschrank
und frisst
alle Wut der Welt in sich hinein,
die Wut dauert genau so lange,
bis der Kühlschrank leer ist,
sie frisst von sauer
nach süß
und von süß
nach sauer,
wenn alles so beschissen ist,
muss sie sich ja wenigstens selbst etwas Gutes tun,
bildet sie sich ein,
in Wahrheit bestraft sie nicht die,
denen einen Strafe zukommt,
sondern sich selbst,
spätestens am nächsten Morgen,
wenn der obligatorische Gang zur Waage fällig wird,
wird ihr das bewusst.

Leben im Glas

Es gibt nicht nur Eier im Glas,
es gibt auch ein Leben im Glas,
der im Glas Lebende hat einige Vorteile,
er kann alles sehen,
was draußen passiert,
ohne dass es ihn berührt,
oder ihm weh tut,
er kann über die da draußen spotten,
ohne Angst vor ihrer Reaktion zu haben,
er ist also sicher,
der Nachteil aber ist,
dass er nie dazu gehört,
nie mit anderen lachen,
reden oder leben kann,
im Grunde also seine Vorteile,
sich in ihr Gegenteil verkehren.

Gurkenglas

Manchmal ist das Leben wie ein Gurkenglas,
man kann hindurchschauen
und alles sehen,
was draußen passiert,
es ist also keineswegs langweilig,
man kann wie ein Wetterfrosch da sitzen
und im wohligen Gefühl der eigenen Sicherheit
richtig laut und herzhaft
über alle,
die draußen herumkrauchen,
lachen,
immer im Gurkenglas zu leben
ist aber langweilig,
da man ganz allein ist,
zum Glück gibt es da ja noch einen Deckel,
mit etwas Kraftaufwand auch von innen
zu öffnen.

Besuch

Ich weiß nicht,
ob es ein Zeichen von Fortschritt ist,
auf jeden Fall habe ich gemerkt,
dass ich,
wo ich mich früher immer auf Besuch gefreut hab',
sein Ankommen ersehnt
und sein Weggehen als Verlust empfunden habe,
es heute anders ist,
sein Ankommen wird oft zu einer unangenehmen Überra-
schung,
sein Weggehen die Erfüllung
meiner innersten Wünsche,
das schlechte Gewissen
das mir ob dieser Einstellung entsteht,
betäube ich meist mit einem kleinen Abschiedsgeschenk.

Der Asphaltcowboy

Anstrengend war er,
der heutige Tag,
schweren Schrittes,
mit schmerzendem Hinterteil,
begibt er sich zur Entspannung,
nicht in einen Saloon,
nein, die Zeiten sind vorbei,
sondern in ein alternatives Café,
auch Whiskey ist out,
ein vitaminreicher Milchmix angesagt,
er trägt keinen Sattel über der Schulter,
allenfalls,
um einem Diebstahl vorzubeugen,
die Gepäcktaschen in der Hand,
auch behindert ihn kein Colt beim Gehen,
sondern eher der mithilfe eines Karabiners am Gürtel
befestigte Haustürschlüssel,
nur der breitbeinige Gang
erinnert an die harten Männer
von früher.

Frust

ist,
wenn man leben könnte,
aber nicht will,
wenn man lachen möchte,
aber die Muskulatur zu verkrampft ist,
wenn man hunderttausende von Ideen hat und keine
realisiert,
wenn die Blase voll,
der Weg zum Klo aber eine halbe Weltreise ist,
wenn Sonnenschein nicht erfreut,
sondern in den Augen schmerzt,
wenn man seinen Liebsten abholt und von ihm
angeraunzt wird,
wenn man einen Scherz macht und keiner lacht,
wenn man voller Wonne in einen rotbackigen Apfel beißt
und merkt, dass er komplett verfault ist,
wenn ein neues T-Shirt nach der ersten Wäsche wie ein
Putzlappen aussieht,
wenn man gut gelaunt in eine Schaufensterscheibe guckt
und merkt, dass man schon wieder die falschen Klamot-
ten trägt,
wenn man sich abhetzt, um pünktlich zu sein, und keiner
da ist,
wenn man allein ist und keiner anruft,
wenn man Postkarten schreibt und keiner antwortet,
das alles in einer Woche zu erleben, führt entweder
zu einem Lachanfall oder zu noch mehr Frust.

Dichtkunst

Dicht,
eng,
gedrängt,
forciert,
Nebel
ist dicht,
Unterholz
ist dicht,
der Abfluss
ist dicht,
der Eimer
ist dicht,
Kunst
ist dicht,
Dichtkunst
ist undicht,
Gefühle dringen ein.

Logik

Deine Logik,
meine Logik,
ihre Logik,
seine Logik,
unsre Logik,
eure Logik,
psychologische Logik,
philosophische Logik,
mathematische Logik,
theologische Logik,
…ische Logik
???

Betroffenheit

Er trifft sie,
sie trifft ihn,
sie trifft sie,
wir treffen sie,
sie trifft uns,
es trifft mich.

Feierabend

Wenn der Arbeiter
endlich dazu kommt,
den Abend
zu feiern,
muss er ins
Bett gehen,
um am nächsten Morgen
fröhlich und aktiv
den neuen
Arbeitstag
beginnen zu können.

Chemie im 3. Reich

Kationen,
Anionen,
Positionen,
Irritationen,
Deportationen,
Zyklon B.

Das Kreuz

Warum wird das Rückgrat
Kreuz genannt?
Das Kreuz, an das
vor 2000 Jahren ein Mann
genagelt wurde,
das Kreuz muss
sie tragen,
heißt es,
sie muss mit
dem Leid fertig werden,
wie glücklich sind die,
die kein Rückgrat
haben.

Montag

Einstimmig
beschließt
das ZK der SED,
den Montag abzuschaffen,
da die Produktivität am Montag
zu gering
ist.

Kasachische UKG
(2004)

Karaganda

Mein Papa
war dort,
8 Jahre
Bergwerk,
Kälte,
Krankheit,
Hunger,
ich
fliege hin,
1 Woche
Spurensuche,
Schrecken und Schönheit
zu finden.

Fremd

Es ist komisch,
wenn kein Mensch dich
versteht,
wenn du
keinen verstehst,
wenn du die Werbung,
die Straßennamen,
nichts, aber auch gar nichts entziffern kannst,
weil du die Schriftzeichen
nicht kennst,
zum Glück habe
ich immer
mein Tagebuch dabei.

Freundlichkeit

Der Taxifahrer
fuhr mich,
kümmerte sich mit
vollem Einsatz,
dass ich an
den rechten Ort kam,
war so freundlich und fürsorglich,
dass ich es kaum
fassen konnte,
mich wundert,
wie viele Schutzengel
der Alltag zu bieten hat.

Mitbringsel

Das Beste am Reisen
sind
die Mitbringsel,
nicht teuer,
damit viele
etwas bekommen,
aber typisch,
Mitbringsel verbinden die,
die reisen,
während des Kaufens
mit denen,
die zu Hause bleiben.

Unschuld

Kann eine Landschaft
ihre Unschuld
verlieren,
schuldig sein,
weil irgendwelche
Barbaren
ohne Gefühl
dort Menschen
haben leiden lassen?
Mache ich mich
mitschuldig,
wenn ich diese Landschaft
mag?

Qualm

Mir tränen die Augen
vom Qualm eines
Schaschlik-Feuers,
von der Erinnerung
an meinen Vater,
der 7 Jahre
für einen Krieg büßte,
den er wahrscheinlich
noch nicht mal
befürwortet hat,
wie gut,
dass der Qualm
mich meinem Vater näher bringt.

Ketzerische Gedanken

Manchmal frage ich
mich,
ob
die Deutschen
besser drauf wären,
hätte es die
rosinenbombenden Amerikaner
nicht gegeben.

Der gemeine Karagandiner

liebt Musik,
je lauter,
.desto besser,
bescheißt Fremde
moderat,
kein Vergleich mit Indern,
freut sich,
dass er lebt,
ohne Lager,
ohne Kommunismus,
egal wie,
Hauptsache frei,
wir Deutschen
können unendlich viel
von ihm lernen.

Vermächtnis

Sie werden sich
gewünscht haben,
dass die,
die nach ihnen kommen,
wieder lachen,
Musik hören,
an die Zukunft glauben,
sie haben nicht
umsonst gelitten,
die,
die jetzt hier sind,
leben.

Armut

Alte Frau,
schäbig,
schüchtern,
der rechte Arm
völlig schwarz
vom Wühlen
in den Mülleimern.

Diese Schweine

Was haben sie euch getan?
Bei der Zentralverwaltung aller
Lager des Karlags,
Ruinen
eines Sanatoriums,
oben gut erhaltene Reste
der Marmorfußböden
und des Speisesaals,
unten
Folterkeller.

Männer in Karaganda

Mein Typ,
nicht mein Typ,
lackaffig,
gütig,
grimmig
lächelnd,
dick,
dünn,
durchtrainiert,
aber immer
stolz,
worauf eigentlich?

Frauen in Karaganda

Schlank,
korpulent,
asiatisch,
russisch,
undefinierbar,
sexy,
nuttig,
abgearbeitet,
gestylt,
mit zu dicken Hintern,
sehr jung,
Lolitas,
Babuschkas,
ärmlich,
Obst und Gemüse verkaufend,
bedienend,
flanierend,
modebewusst,
mit Kindern,
mit Männern,
mit Freundinnen,
allein,
suchend,
nichts mehr erwartend,
bettelnd,
neugierig,
immer irgendwie
weiblich.

Spassk

Was blieb
ist ein Friedhof,
verstreute Grabkreuze
in Dreiergruppen,
Weite,
Gedenksteine,
Italien,
Ukraine,
Deutschland,
Japan,
Finnland,
Frankreich,
Russland ist in Arbeit,
ein großes Kreuz am
Ende des Friedhofs,
alles überschauend,
meine Kerze
brennt an seinem Fuß,
es tut
so
weh.

Mr. Adidas

Schlürft breitbeinig
den Fußweg entlang,
schwarze Trainingshosen
mit weißen Streifen,
Adidas-Turnschuhe,
weißes T-Shirt
mit Streifen in
den Deutschland-Farben,
schwarz,
rot,
gold,
er selbst
sieht total kasachisch aus,
warum also
die Farben?

Meine Schwester

Beantwortet sofort
jede meiner Mails,
hätte mich ausgelöst,
hätten die Kasachen
mich dabehalten wollen,
mir deucht,
sie liebt mich wirklich,
meine älteste Schwester,
die mir ab und an
zu mütterlich ist.

Blick auf die Straße

Menschen
mit Bauch,
schlank,
jung,
alt,
verbraucht,
lachend,
essend,
schlendernd,
sich hetzend,
auf den Bus wartend,
trinkend,
redend,
im Café sitzend,
aufrecht,
gebeugt,
mit Blumenstrauß (für wen?),
mit rosafarbenem Luftballon,
mit Einkaufstüten schwer beladen,
Obst und Gemüse verkaufend,
vor sich hin murmelnd,
bullig wie Stiere,
mit kurzen Röcken,
in (zu) engen Hosen,
im Trainings-Outfit,
ernst dreinschauend,
nachdenklich,
schweren Schrittes,

grazil
sich an den Händen haltend,
auf die Uhr schauend,
nach der Zeit fragend,
rotgefärbt,
blond,
brünett,
schwarz,
kunterbunt,
stolz,
sehr lebendig,
keine Spur mehr
von Karlag,
Stalinismus,
Sowjetunion.

Sehnsucht

Nach Hause,
ich will heim,
habe Angst,
sie lassen mich
nicht raus,
weil ich die
Registrierung verschwitzt habe,
habe Angst,
ich müsste hier so lange
bleiben
wie mein Vater.

Papa

Du bist hier
bei mir,
ich sehe dich,
wenn ich meinen Blick
nach innen richte.
Du beschützt mich,
ich weiß es genau,
du bringst mich
gesund
zurück nach Deutschland.

Heimweh

Noch nie
wollte ich so dringend
nach Hause
wie jetzt,
mir ist hier
vieles fremd,
zu vieles,
besonders
die Sprache.

Traum

Mir träumte,
ich sei zu Hause,
alle saßen
am Tisch,
gleichzeitig
bestaunte ich
den lupenreinen 70er-Jahre-Stil
aus Sicht
des Jahres 2004.

Leere

Keine dummen Gedanken,
Sonne auf dem Rücken spüren,
die Fliege auf meinem Arm,
den Stift in meiner Hand,
Ruhe,
in mir sein,
hier sein.

Straßencafé

Sitze hier
an der Prachtstraße
Karagandas,
trinke scheußlichen
Kaffee,
Hauptsache heiß,
und scheußliches
Wasser,
könnte ebenso gut
ganz woanders sitzen,
sehe eh' nichts.

Fazit

Ich bin
ohne Papa
aus Deutschland aufgebrochen,
zurück komme ich
mit Papa
und vielen Eindrücken,
meine Erwartungen
sind übertroffen.

Spatzen

fliegen im Sturzflug
an meinem Tisch
vorbei,
meist in Geschwadern,
manchmal allein,
einer traut sich
an einen Tisch
heran,
wundert mich,
kein Krümel
von gar nichts
liegt auf dem
Boden.

Meine Pflanzen

Was sie wohl machen,
wenn ich verreist bin?
Vermissen mich
die Feige,
die Rosen,
die Sonnenblumen,
die Nelken,
die Mimose,
die Geranien,
die Glockenblumen,
der Ficus,
der Lavendel,
oder wachsen sie einfach
weiter,
Hauptsache, der Nachbar
gießt?

Eigentlich

Eigentlich geht es mir gut,
sitze hier im Café,
die Sonne bestrahlt
meinen linken Arm,
mein Rücken knackt
sich gesund,
wenn ich ihn straffe,
mir ist nicht schlecht,
ich habe kein Kopfweh,
oder nur ein bisschen,
dennoch,
dennoch
ist mir zum Heulen
zumute.

Die deutsche Elite

kennt die Regeln des Wirtschaftslebens,
weiß sozusagen,
wo es langgeht,
war zumindest
in St. Gallen,
fährt Ski,
steigt Berg,
ist immer passend gekleidet,
entsetzlich diszipliniert,
ist elitär,
hat Familie,
Patchwork oder nicht,
kennt stets
den neuesten Trend,
egal welchen,
liest stets
die wirklich wichtigen Bücher,
ist immer ganz vorn dabei
(darauf legt sie größten Wert)
und denkt,
in Kasachstan
leben alle noch
immer
in Erdlöchern,
armes
Deutschland.

Der Siegeszug der Italiener

ist nicht aufzuhalten
Espresso,
Latte Macchiato,
Cappuccino,
selbst in Kasachstan
gibt es zumindest ein
Café,
wo es italienischen Kaffee
gibt,
die Rückkehr des Imperium Romanum,
geht offensichtlich
durch den Magen,
wenn das Mussolini
wüsste.

Frankfurter UKG
(2004)

Die große Leere

Geistige Windstille
herrscht in meinem
Hirn,
Mattscheibe
vor meinem inneren Auge,
wird Zeit,
ins Kino zu gehen.

Zuckerwatte

Ein kleiner Junge
trägt klebrige Zuckerwatte
wie eine Trophäe
vor sich her,
erinnert mich an
meine Kindheit,
Oktoberfest, Frühlingsfest,
erwachsen,
wie ich es jetzt wohl bin,
fürchte ich,
dass die Trophäe
mir zu nahe kommt.

Sein I

Ich kaufe,
also bin ich es nicht,
denn
wenn ich es wäre,
müsste ich nichts
kaufen,
um mir zu beweisen,
dass
ich es bin.

Sein II

Ich bin,
so wie ich bin,
Hauptsache,
ich bin hier
und nicht irgendwo
anders.

Karrierefrau

Leistungssüchtig,
nicht punktuell
wie ein Mann,
sondern überall,
in allen Bereichen
immer die Beste sein,
welch schreckliches Sein
nicht nur für sie,
für alle.

Lachen

ist ansteckend,
sagt man,
ab und zu steckt es im
Hals
fest,
es kommt
nur mehr
ein gequältes
Lächeln
durch.

Tod

Mama,
Papa,
Philipp,
alle tot,
ich lebe,
ich will leben,
und bin
dankbar dafür.

P. oder plötzlicher Tod

Intensiv leben,
plötzlich und unerwartet
sterben
bei etwas,
was du liebtest,
für dich
ein schöner Tod,
ein schneller Tod,
kein langes Leiden
für die anderen,
Trauer, Erschrecken, Erinnerung,
was bleibt ist
deine Botschaft
„lebt jetzt", genau jetzt
er – lebt.

Glück

ist
seinen Körper zu spüren,
ganz mit sich eins zu sein,
nichts zu missen.

Ex 2

Habe heute Nacht
von dir geträumt,
wusste,
es ist vorbei,
trotzdem waren wir uns
sehr nahe,
hört es nie auf?

Deutschland 2004

Regenwetter im August
setzt der ganzen Misere
die Krone auf,
erwartet man doch
30 Grad und Sonnenschein,
noch ein Grund mehr,
mit einem völlig verdrossenen Gesicht
durch die Gegend
zu laufen.

Zeitdruck

Manchmal
reagiere ich
äußerst allergisch
auf Termine,
ein Termin
um 18 Uhr
verdirbt mir
den ganzen Tag,
ich verschwende
Energie darauf,
ihn absagen oder verlegen zu wollen,
suche nach einem für alle
Beteiligten plausiblen Grund,
statt zu sagen,
es ist 10 Uhr früh
und ich habe
noch unendliche viele Stunden
für mich.

Freiheit von

Männer ohne Frauen,
Frauen ohne Männer,
Männer ohne Männer,
Frauen ohne Frauen,
Frauen ohne Kinder,
Kinder ohne Mütter,
Männer ohne Kinder,
Kinder ohne Väter.

Juden

Ich frage mich oft,
ob ich mich für Juden
in Deutschland
auch so vehement
interessierte,
hätte es das 3. Reich
nicht gegeben,
manchmal deucht mir,
ich sei geradezu Juden-in-Deutschland-süchtig,
als brauche ich persönlich,
ein schlechtes Gewissen für etwas,
für das ich wirklich nichts kann.

68er

Borniert,
besserwissend bis zum Umfallen,
politisch
natürlich im großen Maßstab,
Details wie
Bettler auf deutschen Straßen
– igitt,
können die nicht arbeiten gehen? –,
werden ignoriert,
Hauptsache,
die Väter
werden als unbelehrbare Nazis
verdammt,
gebetsmühlenartig,
immer wieder und
immer wieder,
vergessen sie völlig,
dass sie
Söhne und Töchter
ebendieser Väter sind?
Dass es sie ohne diese
schrecklichen Väter
gar nicht geben würde?
Was ist eigentlich mit den
Müttern?

Adoptiert

Habe immer geglaubt
wir würden uns
eines Tages sehen,
war sehr gespannt,
ob du mich verurteilst
oder gar magst,
vor 2 Jahren
habe ich erfahren,
dass du mit 19
nicht mehr leben wolltest,
kein Abschiedsbrief,
Spekulationen warum,
habe Fotos
von dir bekommen,
gute Farbkopien,
die Originale waren wohl
zu wertvoll
für mich,
deine Mutter,
auf einmal wurdest du für mich
ganz lebendig
vorstellbar,
sichtbar,
wie schizophren,
dass du tot
für mich viel lebendiger bist,
als du es lebend jemals
warst.

Musik

Es gibt Musik,
bei der mein Herz sich öffnet,
ganz weit wird,
die Sehnsucht
strömt aus ihm heraus
wie eine Flutwelle,
mir fällt dann nichts Bessres
ein,
als gierig eine Zigarette
zu rauchen.

Alter Tisch

Du bist offensichtlich restauriert,
der alte Lack ist weg,
die Wellen in deiner Platte
sind nach wie vor vorhanden,
die Beine wohlgeformt,
gedrechselt,
frage mich,
was du schon alles auf deinem
Rücken getragen hast.

Alice im Borderland

Habe heute in einem Psychiatriebuch gelesen,
dass es statt Borderline,
Borderland heißen müsste,
da die Grenze zwischen
Neurose und Psychose
nicht einer Linie,
sondern eher einer Fläche entspricht.
Insofern werden aus Borderlinern
Borderländer,
Bewohner einer neuen Nation,
die samt und sonders
dem weißen Hasen folgen.

Agentur für Arbeit

Die Kürzung meiner in Zukunft zu beziehenden
Leistungen
wundert mich zutiefst,
werde ich doch dafür bestraft,
dass ich nicht bereits
zwei Monate vor der
Kündigung um diese wusste
und mich arbeitslos meldete,
soviel Vorausschau ist mir
in meinem ganzen Leben
von keiner Behörde zugetraut
worden,
oder gibt es etwa Abschussprämien?

Langsam reicht es

Zu lange bin ich allein,
kleine Intermezzi hinterließen
bei Tageslicht besehen
eher einen faden Nachgeschmack,
aber besser als nichts,
bescheiden geworden
rede ich mir das ziemlich erfolgreich ein.
Selbstzweifel,
sehe ich aus wie ein Nilpferd?
Ist mein Hinterteil dem
eines Ackergauls ähnlich?
Mein Geist zu wach?
Meine Zunge zu spitz?
Bin ich zu alt?
Soll ich mich etwa
auf die Straße stellen,
mitten auf die Fahrbahn
zur Rush hour
mit einem Plakat
groß wie ein Fußballplatz:
Finanziell unabhängiger Single
ohne Anhang
sucht?

Dualismus

Die Trennung von Geist und Körper
ist in den westlichen Nationen
offensichtlich erfolgreich
vollzogen worden,
wie lässt es sich sonst
erklären,
dass intelligente, erfolgreiche Menschen
ernährungstechnisch betrachtet
in der Regel völlig wertlose Nahrungsmittel
zumeist im Übermaß
in sich hinein stopfen?

Keine Angst vorm Fliegen

Mit drei Jahren
war ich fest davon überzeugt,
fliegen zu können,
ich stellte mich also auf eine Treppe,
fünf Stufen vom Boden
entfernt,
und flog,
die Arme wie ein Vogel bewegend,
das Landen lernte ich nie,
diese eine Sekunde des Fliegens
ließ mich die blauen Flecken
und Augen vergessen,
ich sprang wieder und wieder
auch später,
als ich für Momente des Glücks
alles aufs Spiel setzte,
ohne an Konsequenzen zu denken.

Verborgene Reize

Frankfurts Charme zu entdecken
ist harte Arbeit,
in langen Spaziergängen
durch die Stadt
entdecke ich verborgene Parks,
chinesisch,
botanische Gärten im Miniaturformat,
mit Liebe gehegt und gepflegt,
voller Kinder,
voll schachspielender Männer (zu allen Tages- und Jahres-
zeiten),
mit altem Baumbestand,
ehemalige Burgen,
mit Teichen,
Bänken,
Cafés.
Wichtig ist
zu Fuß zu gehen,
fährt man mit dem Auto,
ist man
ratz fatz schon wieder aus Frankfurt herausgefahren
in Richtung Darmstadt, Kassel, Köln
oder Würzburg.

Hessisch

Unüberhörbar
hat sich dein Singsang
in meine Sprache eingeschlichen,
hat sich breit gemacht,
sie kräftig gefärbt,
das wundervolle „sch",
das Weglassen zum Gesamtverständnis völlig unnötiger
Endungen,
das Zusammenziehen ganzer Wortgruppen
zur Erhöhung des Tempos,
die größten Unverschämtheiten,
die härtesten Wahrheiten,
werden von dir herzallerliebst
eingepackt,
jeder Deutsche kann dich
verstehen,
finde ich zumindest,
angeblich ist meine Sprache
nicht vorstandsgeeignet,
vielleicht sind die Vorstände eher
des Hessischen nicht würdig?

Taxifahrer

Warten in 2erReihen
auf Fahrgäste,
geduldig geworden
in den letzten Jahren,
dauert es doch manchmal Stunden,
bis ein Fahrgast kommt,
ergattern sie einen,
fahren sie ab und an
einen klitzekleinen Umweg,
besonders dann,
wenn sie annehmen,
der Fahrgast sei ein Fremder,
nur so
kann ja mal vorkommen,
schlimmer ist für mich das Lamentieren
über das schlechte Geschäft,
sind sie etwa zwangsrekrutiert?

Hurliburli

Jede Familie hat
eine eigene Sprache,
sagt man,
wir hatten sie auch,
Hurliburli,
3 kleine Mädchen
im 60er-Jahre-Outfit
kurze Hosen, Nylonblusen, gepunktet,
barfüßig,
legen sich ans obere Ende einer
kleinen Reihenhauswiese
und kullern
sich die 2% Steigung hinunter,
Hurliburli,
der Inbegriff einer glücklichen Kindheit.

Training

Zur Kräftigung meines schwachen Rückens
trainiere ich denselben
seit Wochen unverdrossen,
ein starker Rücken kennt keinen Schmerz,
wie ein Indianer,
neulich wurde es mir der Gewichte
zu viel,
wollte frühzeitig aufgeben,
da kamen mir
die in russischen Bergwerken
12-Stunden-Schichten ohne Pause, Essen oder Trinken
arbeitenden deutschen Kriegsgefangenen des
Zweiten Weltkriegs in den Sinn,
ich presste die Lippen zusammen
und machte
weiter.

Sonderangebote

Sie füllen meine Schränke,
meine Regale,
viele nie benutzt,
nie getragen,
aber kaufen,
kaufen musste ich sie,
von dem Drang beseelt,
Geld zu sparen.

Neugeboren

Keine 7 Tage alt,
hält sein Vater ihn glücklich im Arm,
mich stimmt der Anblick des väterlichen Vaters
traurig,
Altes, Verschüttetes
meldet sich zurück,
Erinnerungen
an meine erste Schwangerschaft,
einen Vater,
der ging,
als es für mich zu spät war, abzutreiben,
an ein Kind,
das ich nie in den Armen hielt,
an einen Mann,

mit dem ich 3 Kinder hätte
haben können,
die ich nicht wollte,
vor Angst,
mich auf ihn nicht verlassen zu können,
an einen Mann,
der selbst in Momenten höchster Ekstase
nie das Präservativ vergaß,
der ging,
als ich schwanger werden wollte,
an einen Mann,
dessen Kind ich verlor,
an einen Taugenichts,
dessen Kind ich abtrieb,
weil ich bankrott war und nicht wusste,
wie ich mit Kind die Schulden hätte bezahlen
sollen,
nun bin ich zu alt
zum Kinderkriegen,
augenscheinlich auch nicht auf Platz 1
der begehrtesten Singles der Welt,
was bleibt
ist Sehnsucht,
nein, kein Neid,
einfach nur Sehnsucht.

Zeit

Das Streben
immer effektiv und effizient zu sein,
das minutiöse Zeitgefühl,
das Bestreben die stetig verrinnende Zeit
optimal zu nutzen
wird zur Bürde,
zur Zwangsjacke,
deren Existenz
nur durch jedwelche Form von Drogen
vergessen werden kann.

Kino

Wie viele Filme
werde ich noch ansehen,
wie lange wird es noch dauern,
bevor ich leinwandinduzierte Gefühle
wieder mit realitätsinduzierten
tausche?

Vernunft und Spaß

Ist es etwa ein Naturgesetz,
dass Vernunft und Spaß
einander ausschließen,
oder geht es nur mir so?
Mit meinem verfluchten Pflichtgefühl,
meinem permanenten schlechten Gewissen,
nicht alles sofort erledigen
zu können?

Papa II

Lese gerade ein Buch,
geschrieben von einem Deutschen,
der 8 Jahre lang
in russischer Kriegsgefangenschaft war,
am schlimmsten fand ich
bis jetzt
die Schilderung der Latrine,
glitschige Balken
mit großen Zwischenräumen
über einem entsetzlichen Abgrund,
in den viele,
schwach von den Entbehrungen,
zu Tode stürzten,
welch schreckliches Ende.

Regenwetter

Habe ich früher gehasst,
nicht dass es jetzt mein Lieblingswetter wäre,
doch kann ich es heute schätzen,
treibt mich doch keine elementare Kraft
aus der Wohnung,
habe ich doch keinen Grund mehr,
Lästiges aufzuschieben
und vor meinem Schreibtisch
einmal wieder die Flucht zu ergreifen.

Kulturbeutel

In welchem anderen Land sind
Zahnbürste, Zahnkrem, Seife, Kamm und
andere für die tägliche Pflege notwendige
Utensilien
eines Kulturbeutels würdig?

Fortschritt

Von manchen Männern
empfing ich Kinder,
die ich
zumeist mit Vollnarkose,
damit ich nichts mitbekommen musste,
abtrieb,
vom letzten Liebhaber
bekam ich Viruswarzen,
ebenfalls unter Vollnarkose
zu entfernen,
da ansonsten zu schmerzhaft
immerhin ist die spurlose Beseitigung derselben
von keiner Religion als Mord
verdammt.

Descartescher Imperativ

Ich denke,
also bin ich,
ich schreibe,
also bin ich,
denke und schreibe ich nicht,
bin ich dann nichts mehr?

Markttag

Jetzt ist er vorbei,
die letzten Stände werden abgebaut,
um sich für die letzten Arbeiten
zu stärken,
trinkt ein Marktmann in großen
Schlucken ein Bier,
eine alte Frau
sammelt liegen gebliebene gesundgrüne Plastiktüten ein,
mutmaßlich für ihre Abfälle,
zusammengekehrt werden
eine Kartoffel, eine grüne Paprika, Maisblätter, Dreck,
Prospekte,
die arbeitenden Männer schwitzen,
sind vor Anstrengung und Hitze ganz
rot im Gesicht,
eine Frau bringt aus dem Café die ersten Stühle und
Tische heraus,
an Markttagen ist der Platz vom Stand des Marktmanns
belegt,
ein Kind schreit,
der Marktmann kehrt noch immer,
kehrt schneller,
als die nächsten Tische und Stühle kommen,
soll der Platz unter ihnen doch sauber sein,
kehrt den Unrat endlich zusammen,
fast wäre der Haufen von einem Windstoß
auseinander geblasen worden,

die Mühe umsonst gewesen,
die Frau stellt Tische und Stühle ordentlich unter den
Sonnenschirmen auf,
der Alltag ist zurückgekehrt.

Orange

Heute war ich modemutig,
kaufte orangefarbene Strumpfhosen mit Rautenmuster,
sehr auffallend,
kombinierte die Strumpfhose
mit mausgrauem Rock,
mausgrauer Jacke,
mausgrauen Pumps,
ging derart gewandet
Besorgungen zu machen,
zu meinem Entsetzen
schlugen die modemutigen,
wundervoll leuchtenden Orangenstrumpfhosen,
die den Blick jedes Vorübergehenden magisch anzogen,
Falten an den Fesseln
wie Wurstpellen,
denen der Inhalt fehlt,
peinlich,
ich ging zurück in den Strumpfladen,
tauschte die Wurstpellen
– Materialfehler –
um in schwarze Strumpfhosen

mit mehrfarbigem Blümchenmuster,
dezent,
nun bin ich romantisch,
zumindest an den Beinen,
den Fabrikanten der orangefarbenen Strumpfhosen
werde ich wegen entgangener
ungeteilter Aufmerksamkeit aller Passanten
verklagen.

Matinée

In Kindertagen,
die Nibelungen,
Winnetou,
Mary Poppins,
sonntags um 11,
jetzt Previews,
Sekt inklusive,
noch immer ein
wundervoller Auftakt
für einen herrlichen Tag,
an dem man den gesehenen Film
bis in den späten Nachmittag weiterspinnen kann,
geglückte Flucht.

Nachbarn

Meine Ohren liegen auf der Lauer,
noch ist Ruhe,
warten angespannt darauf,
dass die arabische Musik,
die Kinderkassetten
in voller Lautstärke ertönen
und meine Wohnung
in ihrer ganzen Länge beschallen,
jetzt,
es ist soweit,
mein Adrenalin entlädt sich,
ich spurte meinen 10 m langen
Flur entlang,
stürze zu meiner Stereoanlage,
drehe sie so laut auf,
dass es mir selbst unangenehm ist,
hoffend,
dass die Nachbarn das Signal verstehen,
jeden Tag dasselbe Spiel,
vielleicht sollte ich endlich
bei ihnen
klingeln,
sie drauf hinweisen,
wie schalldurchlässig
die Mauern sind.

Kaffeehausgespräche

Rechts neben mir sitzen
2 Herren,
vorgezogenes Rentenalter,
lesen Zeitung,
kommentieren lebhaft
jeden gelesenen Artikel,
manchem stimme ich zu,
manchem nicht,
es ist immer wieder toll
zu erfahren,
wie viele begnadete Politiker
Deutschland hat,
im Laienstatus,
ohne Mandat,
ohne Wirkung.

Mitleid

Manchmal tun mir die Deutschen,
so auch ich selbst,
Leid,
wie eine Horde Lemminge
rennen wir in den Abgrund,
analysierend,
ob wir den linken,
den rechten oder
den mittleren Weg
nehmen sollen,
darüber lamentierend,
was das für jeden zulässige Marschgepäck ist,
statt die Richtung
radikal zu ändern.

Herbst

Morgens früh,
wenn die Sonne eben aufgegangen ist,
viele noch ihren letzten Traum,
gemütlich im Bett liegend, zu Ende träumen,
gehe ich am liebsten in den Park,
früher joggte ich,
bis meine Wirbelsäule mich zur
Entschleunigung zwang,
jetzt gehe ich zügig,
manche nennen es walken,
sehe Amseln,
die nach ihrem Frühstück picken,
Tautropfen an einem Schrebergartenzaun,
in denen sich die Sonne spiegelt,
rieche das modernde Laub,
ein Duft,
der mich an alle früheren Herbste erinnert,
atme frische, jungfräuliche Luft,
noch nicht von Abgasen geschwängert,
sehe Brombeerbüsche,
die ihre Früchte schon alle verschenkt haben,
braun werden,
sich auf den Winterschlaf vorbereiten,
wenn ich heimkomme,
sind die Socken nass,
die Schuhe waren der Morgenfrische nicht gewachsen.

Paradies in Frankfurt

Sitze vor einem Café,
mit Blick auf einen Platz ohne Namen,
Luisenstraße, Heidestraße, Bornheimer Landstraße treffen
sich,
es ist friedlich,
kein Großstadtlärm,
nur leise Autogeräusche (Tempo 30),
Klappern von Tassen,
Zischen der Espressomaschine,
Stimmengemurmel,
Rascheln von Zeitungen,
Surren von Fahrrädern,
Schritte,
ein kleines Paradies,
mitten in der Stadt,
da ich Paradiesen nur bedingt gewachsen bin,
zahle ich.

Keiner mag mich

Die eine war am Telefon kurz angebunden,
das Kind musste gefüttert werden,
vertröstete mich auf stressfreie Zeiten,
die andere drückte das Gespräch weg,
mir war,
als schlüge sie mich
direkt ins Herz,
warum denke ich nicht an die beiden,
die mich heute früh angerufen haben,
oder den,
der mit mir erfreut plauderte und
den ich morgen besuche?

Aufgeschoben

Seit Wochen übertragen,
von einer Wochenliste
auf die nächste,
werde immer schwächer,
zuviel Energie ist gebunden
in Dingen,
die nicht begonnen oder beendet wurden.

Frau Müller

sieht manchmal Dinge,
die andere nicht sehen,
zum Beispiel den Tod
als Gestalt,
es macht ihr Angst,
dass nur sie ihn sieht,
sie hält sich für unnormal,
würde sie sich für übernormal halten,
ginge es ihr besser.

Digitales Fernsehen

Nach hartem Kampf
mit Receivern, Antennen, Gebrauchsanweisungen,
Installationsmenüs,
dem Wissen der Verkäufer,
sehe ich nun digital,
7 Programme
kann ich empfangen,
aus reiner Gewohnheit
sehe ich fast immer das erste oder zweite Programm,
allerdings
gestochen scharf.

Sucht

Zwei Tage kein Gläschen Wein am Abend,
auch heute noch kein Tröpfchen,
zuviel Kaffee,
noch immer zu viele Zigaretten,
schon gar kein Vorsatz mehr,
mit der Nikotinsucht zu brechen,
besser als wandelnde Fettzelle
ständig lutschend und kauend,
die Lungen schmerzen,
der Atem gerät außer,
die Kondition wird nicht besser,
trotz intensiven Trainings,
hätten Zigaretten Kalorien,
hätte ich mir das Rauchen schon längst abgewöhnt.

Kino

Mindestens einmal pro Woche
gehe ich ins Kino,
bin sozusagen kinophil,
das Einzige,
was meinen Genuss spürbar schmälert,
sind die kauenden und schmatzenden Nachbarn,
rechts, links, vorn und hinten,
ich befürworte vehement
essensfreie Zonen in allen Kinos
für Puristen wie mich.

Gerechtigkeit

Langsam sollte ich es begriffen haben,
dass kurzfristige Gerechtigkeit nicht existiert,
langfristige schon eher,
was mich beruhigt,
trotzdem fühle ich mich ab und an
unfair behandelt,
familiär,
privat,
im Job.

Der neue Friseur

Ich gerate in Panik,
wundere mich,
dass er meine Haare auf andere Weise schneidet, wäscht,
fönt
als der vorherige,
würde ihm am liebsten jeden Scherengriff vorschreiben,
beruhige mich dann selbst,
entwickle Vertrauen,
sogar Neugier,
es bleibt mir auch nicht andres übrig,
der Friseur ist Japaner
und versteht kaum
Deutsch.

Liebe

treibt manche Frau dazu,
sich selbst aufzugeben,
weil sie der irrigen Annahme ist,
das müsse so sein,
sie ist tolerant und verständnisvoll,
Seitensprünge und andere Eskapaden ihres Partners
betreffend,
statt dies zu honorieren,
treibt er es immer toller,
wie ein Kind,
tritt ihr mit
größtem Vergnügen auf der Seele, im Herzen herum,
unter glücklicher Liebe
habe ich immer was anderes
verstanden.

Freunde

muss man nicht jeden Tag sehen oder sprechen,
müssen nicht am gleichen Ort wohnen,
verstehen sich auch nach Monaten des Schweigens,
als sei das letzte Gespräch
erst gestern gewesen,
solange man ihre Bilder in seinem Herzen trägt,
ist man nie allein,
sie auch nicht.

Zahnarzttermin

Angst habe ich keine,
begreife das Ganze als notwendiges Übel,
manchmal masochistischer Genuss,
manchmal dezentes Flirten,
neben Prüfen, Bohren, Reinigen
immer das Gefühl,
für meinen Biss zu sorgen.

Hunde

Als Hundeliebhaber kann ich mich
beim besten Willen nicht bezeichnen,
von weitem ganz putzig
von Nahem oft stinkend,
mir wird übel,
den Tritt ins unverdiente Hundeglück
mag ich auch nicht,
auf dieses Glück verzichte ich gern,
in meiner Wohnung finden sie nichts
und haben daher dort auch nichts zu suchen,
meine Wohnung ist also eine hundefreie Zone,
chinesisch gesprochen,
bin ich mir selbst Hund genug.

Mütter

Unter Frauen gibt es eine Demarkationslinie,
links die kinderlose Zone,
rechts die Mütter,
zu der die Frauen aus der kinderlosen Zone keinen
Zugang haben,
rechts akzeptiert nur rechts als vollwertig weiblich,
als sei es eine besondere Leistung,
sich schwängern zu lassen,
und das Kind zu gebären,
sich schwängern lassen und das Kind nicht gebären,
ist oft viel verantwortungsvoller.

Fernweh

Jedes Jahr,
wenn die Tage kürzer werden,
es erst gegen 8 h hell wird,
Wintersachen
ob Sauber- und weiterer Tragbarkeit inspiziert,
Kerzen als Schutz gegen
die ungebetenen Geister der Dunkelheit angezündet
werden,
der Balkon von nicht winterharten Pflanzen befreit wird,
die im Treppenhaus ihr Winterquartier beziehen,
packt mich die Sehnsucht,
bis in den Bauch zu spüren,
das nächste Flugzeug zu besteigen
wie ein Zugvogel,
im Süden zu überwintern
und das Tragen der wind- und wetterfesten Kleidung,
die Kerzen, Weihnachtsplätzchen und Geschenke
anderen zu überlassen.

Die letzten Strahlen

Der Sonne draußen sitzend, gehend oder stehend
genießen,
mitten ins Gesicht
blinzeln,
trotzdem keine Sonnenbrille aufsetzen,
müssen die Strahlen doch für die nächsten
Monate reichen,
vorausgesetzt, ich bleibe
in Deutschland.

Genial

„Ich bin genial",
hatte vor Jahren ein Mensch
an eine Häuserwand in Berlin gesprüht,
ich fand es toll,
jedes Mal,
wenn ich vorbeiging,
straffte sich mein Rücken,
automatisch,
bin ich heute,
was durchaus vorkommt,
sehr zufrieden mit mir,
denke ich
„stimmt".

November

Früher habe ich mich
vor ihm gegraust,
dem Totenmonat,
dem grauen,
nasskalten,
schattenhaften,
heute gefällt er mir besser,
hat die Stadt doch
einen frischen Atem,
statt des sommerlichen Mundgeruchs
erwärmen doch die Kerzen
in meiner Küche Gemüt und Herz,
schön, dass ich bei diesem Wetter
nicht unter der Brücke schlafen
muss.

Kummer

An manchen Tagen
tut mir alles weh,
nicht im Körper,
sondern in der Seele,
ich tue mir selbst Leid,
sehe nur noch halbleere Gläser,
trotz meiner Versuche,
sie als halbvoll wahrzunehmen,
besser ist es,
die Kummertage hinzunehmen
als dunkle Hälfte
einer Seele,
die ansonsten
so sehr nach dem Licht strebt.

Kaufrausch

Heute kaufrauschte ich mit Röcken,
fing mit einem braunen, knielangen an,
ging über zu einem langen beigefarbenen,
endete mit einem mittelbraunen Mini,
nun bin ich wieder ruhiger,
das Adrenalin ist abgebaut,
Serotonin macht sich breit,
kein schlechtes Gewissen
da alle Röcke secondhand sind.

Zeit

Meine Zeit kann nicht einmal
ich selbst mir stehlen.

Umgang mit Gefühlen

In mir
brodelt es,
Schmerz, Wut oder die Ohnmacht,
wichtige Dinge
nicht forcieren zu können,
warten zu müssen,
abhängig zu sein
von dem Wohlwollen anderer,
eine Folter,
ein Vulkan,
kurz vor dem Ausbruch,
ein Amoklauf,
kurz vor dem Startschuss,
oder ein Quell der Inspiration?

Die Tagung

Amorphe Masse
aus Teilnehmern, Rednern, Moderator,
ich mittendrin,
fühle mich fremd,
finde die Redner aufgeblasen,
die Themen sind nicht meine,
denke, ich bin im falschen Film,
flüchte mich in Witze mit meiner
Nachbarin zur Linken,
alle anderen scheinen sich wohl zu fühlen,
erst später
beim Essen
werden aus der Masse
Menschen,
mit denen ich gern
zusammen bin.

Muss

Ich muss,
ich muss,
muss ich,
muss,
Muße,
Mousse au chocolat,
ich kann müssen,
ich will.

Absagen

sind nie persönlich gemeint.
(Wie sonst? Es hat sich doch keine Gruppe beworben.)
haben meist auch nichts mit
der Qualifikation zu tun,
sondern eher mit dem Cultural Fit,
nun denn,
ich war wohl nicht fit genug,
zu anders,
sollte endlich aus der Not
eine Tugend machen.

Heidelberger UKG
(2004)

Zeit

Sie schleicht heute
langsam
wie eine alte Weinbergschnecke
vor sich hin,
meine Füße
schwellen an,
mein Rücken schmerzt,
Ischiasnerv,
weiß nicht,
wie ich sitzen soll,
glaube kaum,
dass ich diese Veranstaltung
bis zur bitteren Neige
auslöffle.

Träumen

Es gibt Träume,
die lassen mich nicht los,
da sie so treffend
eine Situation auf den Punkt
bringen,
in der ich mich tags
befand,
ohne dass ich recht begriffen hätte,
was mir passiert ist,
die nächtliche Erkenntnis
schmerzt.

Absolut

unmöglich,
daneben,
hip,
Absolutheitsanspruch,
nur ein Weg
ist der rechte,
führt nach Rom,
es dauert zu lange,
bis auch der Letzte
das erkennt,
es bricht uns Deutschen
das Genick.

Winterschlaf

Es soll in Deutschland
(anderswo wahrscheinlich ebenfalls)
Menschen geben,
die,
kaum, dass sie ihre Ausbildung beendet haben,
konsequent auf ihr Rentenalter
hinarbeiten,
in einem Trance-ähnlichen
Schlummerzustand,
um die Lebensenergie zu schonen,
für „SPÄTER" aufzuheben,
nun werden sie unsanft geweckt,
sind sauer,
betroffen,
unzufrieden,
fühlen sich ungerecht behandelt,
bekommen Angst.

Land der Dichter und Denker

So wurde Deutschland genannt,
heute sind wir zu einem Land
der Zerdenker geworden.
Analysieren bedeutet uns viel,
theoretisches Besserwissen,
tut niemandem weh,
stundenlang diskutieren
intelligente Menschen
über den Verlauf einer Lernkurve,
und die Dichter?
Unter welchem Sofa haben sie sich versteckt?
In welchem Schrank wurden sie eingesperrt?
Lasst die Dichter frei,
damit sie den Zerdenkern
den Weg zur Klarheit
weisen.

Berliner UKG II
(2004)

Erfüllung

Es ist interessant
zu beobachten,
wie stark bei vielen Menschen
die Sehnsucht
nach Erfüllung,
In-sich-sein,
Spiritualität ist,
gesucht wird überall,
warum nicht in unseren Kirchen?

Richtung Berlin

Später als geplant
fuhr ich los,
war früher da,
als ich dachte,
kein Stau,
nirgendwo,
eine herrliche Fahrt,
die Wartburg,
die drei Gleichen,
Weimar,
alles flog an mir vorbei,
falsch: ich an ihnen,
ich wünsche mir,
nur ein einziges Mal
mit jemandem zusammen
anzuhalten,
alles anzuschauen.

Ende

Entfremdung,
einer arbeitet zuviel,
der andere fühlt sich allein,
der gemeinsamen Stunden beraubt,
flirtet,
geht fremd
aus Verzweiflung,
vor Einsamkeit,
vor Wut,
vor Hunger nach Zärtlichkeit,
zu provozieren,
Gefühle aus dem anderen
hervorzulocken,
der sich immer mehr verschließt,
Schmerz,
alte Muster,
die gefangen halten,
Flucht,
Angst,
Kampf.

Exit the Matrix

Einmal am Tag
über seinen Schatten springen,
eine unbekannte Speise probieren,
einen neuen Weg zum bekannten Ziel gehen,
kleine Änderungen kündigen
große Wandlungen an.

Warten

Ist für mich eine
der schwersten Übungen,
sitze hier und warte
auf eine persische Nudelsuppe,
zu spät lese ich
auf der Speisekarte,
dass alle Gerichte
frisch zubereitet werden.

Limburger UKG
(2004)

Meine Zukunft

Steht auf mir noch
nicht gänzlich bekannten Füßen,
die alten habe ich abgestreift,
abgestellt wie ausgelatschte Schuhe,
abgehackt,
den Geiern zum Fraß vorgeworfen,
dem roten Kreuz gespendet,
vielleicht sind sie in der Dritten Welt noch von Nutzen,
die neuen
sind noch nicht angewachsen,
eine Wunde,
die noch verheilen muss,
bevor ich auf neuen Füßen
in meine Zukunft
rennen kann.

Königskinder

War heute in meiner alten Heimat,
habe von weitem die Jugendherberge gesehen,
am zugehörigen Parkplatz fuhr ich dicht vorbei,
hättest du länger gelebt,
wenn du gewusst hättest,
dass du dem früheren Zuhause
deiner Mutter ganz nahe warst
bei deinen Aufenthalten in der Jugendherberge?
Mir zerreißt es schier das Herz,
durch Limburg zu gehen,
mit dem Wissen
dass du, ahnungslos wie ein Säugling,
viele Plätze besucht,
viele Dinge gesehen hast,
die ich aus meiner Jugendzeit
kenne,
manchmal spielt das Leben
ein unfaires Spiel.

Papa III

Als wie schön wirst du
Limburg empfunden haben
mit seinem majestätischen Dom
auf dem Kalkfelsen,
gut zu sehen,
fährt man von Frankfurt nach Köln
oder umgekehrt,
mit seinem Grün,
seinen Fachwerkhäusern in der Altstadt,
seinen engen Gassen und
Märkten,
hättest du gedacht,
dass du
dein Zuhause mit der Aktentasche verlassend,
dich von allen Nachbarn freundlich verabschiedend,
um zu Fuß ins Krankenhaus zu gehen,
all dies nie mehr
wieder sehen würdest?

Singhalesische UKG
(2004)

Fertig

Alles erledigt,
was vor der Abreise
zu tun war,
Wetter grau,
Vorfreude auf Sonne,
Strand,
Meer schwierig,
zu erschöpft,
Vorfreude dann,
wenn der Koffer endlich gepackt.

Erster Eindruck

Schwül,
schon 2 Gewitter,
Krach aus dem Nachbar-Ressort,
zum Glück
Ohropax im Gepäck,
in Dubai
400 Zigaretten inkl. 2 Uhren erworben,
1 davon dem Hotelboy geschenkt,
besser als Trinkgeld.

Müde

vom vielen Essen,
vom Bier,
das ich zum Abendessen trank,
von der Schwüle,
von der Zeitumstellung,
egal,
gehe gleich ins Bett
und schlafe.

Töten

Mit Entsetzen
stellte ich heute fest,
dass mir das Töten
eines in meinem Hotelzimmer herumkriechenden Insekts
undefinierbarer Bauart
sadistische Freude bereitete,
vollbrachte mein Werk dezent
mit dem Zimmerschlüssel,
kein Blut an den Händen,
würde ich andere Lebewesen
mit derselben spielerischen Leichtigkeit
töten,
so ich sie als nutzlose Landplage
erachte?

Attacke

All die Boys,
die am Strand auf
Touristinnen und Touristen
lauern,
um alle erdenklichen Dienstleistungen,
auch sich selbst,
anzubieten,
nerven mich wie
Schmeißfliegen,
einer war besonders penetrant,
trat mich,
als ich kein Geld geben wollte,
es gibt also doch einen Unterschied
zwischen lästigen Fliegen
und lästigen Menschen.

Sand im Ohr

Zweimal geduscht
und immer noch
Sand in den Ohren,
Reste einer Nacht,
die am Strand begann
und in einem fremden Bett
endete.

Sonnenbrand

kann man nicht mit Wasser löschen,
im Gegenteil,
dadurch wird er noch mehr entfacht,
ertragen lohnt sich durchaus,
wandelt sich der Brand doch
in Bräune,
die den Neid der Daheimgebliebenen
bei der Rückkehr
erregt.

Aufgeblasen

Ist er nun aufgeblasen
oder ist es einfach
seine Art,
die ich einfach nicht verstehe?
Sein österreichisches Herziehen
über die Deutschen
macht mich wütend,
soll er doch den Mund halten,
haben nicht die Wiener 1939
die Wiener Juden die Straße mit
Zahnbürsten kehren lassen,
wurde der Antisemitismus
nicht in Wien
geboren?

Konsequenzen

Immer dasselbe,
gehe mit jemandem ins Bett,
will ihm partout nicht mein Herz
hinterherwerfen,
das Ganze als kleines Intermezzo
betrachten,
als Geschenk für den Unterleib
sozusagen,
und schon ist es wieder passiert,
konzentriere meine Energie
zu 80 Prozent auf ihn,
das nächste Treffen,
vergesse völlig, wie schön, easy und
erfüllt mein Leben vorher war.

Stimmen

Manche Stimmen sind so
wohlklingend,
dass es ziemlich wurst ist,
was der Eigner der Stimme sagt,
die Stimme allein
reicht.

Regentag

Nein, so was,
Urlaub im Süden
und es regnet,
nun
entweder den Schirm auspacken
oder
alles ausziehen,
bevor es nach draußen
geht.

Traurig

So viele Männer,
jeder von ihnen will was,
meine Ohren,
meine Hände,
meinen Mund,
mein Mitgefühl,
meinen Geist,
mein Herz,
mein Geld,
und ich?
Was bekomme ich?
Viel zu wenig.

Sri-Lanka-Boys

Vorsicht,
wenn sie sagen:
„You are a good lady."
Vorsicht,
wenn sie dir beim Muschelsammeln helfen,
Vorsicht,
wenn sie dir beim Sprung von einem
Felsen fürsorglich die Hand reichen,
Vorsicht,
wenn sie dich anfassen,
zuerst spielerisch,
fast zufällig,
dann erstaunlich zielorientiert,
unter 10.000 Rupies
für den Besuch einer Hotelschule
oder die nächste Rate des Tuktuks,
kommst du nie davon,
es sei denn,
du rennst vor ihnen weg.

Und nun?

Zurück in Frankfurt
in meinem Lieblingscafé,
Zigaretten geschmuggelt
(juchhuu!),
2-mal Beischlaf mit einem
österreichischen Doktor,
6 Jahre älter als ich,
6-mal Beischlaf
mit einem Singhalesen,
22 Jahre jünger als ich,
12 000 Rupies für 2 Tuktuk-Raten bezahlt,
6 Monate Hotelfachschule bezahlt,
3 Buddhas,
2 kg Gewürze,
8 Massagen,
2 kg Tee,
9 verknipste Filme,
1 CD mit singhalesischer Popmusik,
2 Kassetten mit Mantren,
4 Batiken,
1 Schildkröte aus Kokosnuss,
1 Flöte,
1 Buch über alte Masken,
1 Tasche ayurvedische Produkte,
1 Flasche Arrak,
1 in mich verliebter Singhalese ohne jeglichen
Subventionswunsch,

1 gebrochenes Herz,
Muscheln,
Strand,
zu viele Zigaretten,
zu viele Flaschen Bier,
Meer mit Rauschen,
Meer mit Wellen,
Fischer,
Regen,
Sonnenbräune,
Ananas,
Papaya,
Bananen,
Kokosmilch,
ganz schön viel für 2 kurze Wochen.

Schwarz auf Weiß

Oder weiß auf schwarz,
165 cm schwarz,
178 cm weiß,
ein Junge,
eine Frau,
ein Präservativ.

Inhalt

Engel aus Licht
Elisabeth Sallinger

Die meditativ-poetisch-religiösen Texte von Elisabeth Sallinger laden uns zum Versenken und Träumen ein und erinnern uns an den Ursprung unseres Seins. Zu sehr wird unser Geist heute von materiellen Wünschen und Sorgen überschattet, und auch die Befriedigung dieser Sehnsüchte macht oft nicht dauerhaft glücklich. So kann nur eine Neuorientierung des Menschen und eine Besinnung auf seine spirituellen Wurzeln dem Menschen Frieden geben. „Ein Lachen möchte ich sein. Ein Funkeln der Freude. Ein Atemzug, der allen guttut." Lassen wir uns von Elisabeth Sallinger auf eine faszinierende Reise in uns entführen!

ISBN 3-900693-68-4 · Format 13,5 x 21,5 cm · 190 Seiten · € 14,90

novum
VERLAG

Ausgepackt & Aufgelegt
Elisabeth Breninger

Elisabeth Breninger schildert in ihren Gedichten Gedanken und Beobachtungen über verschiedene Themen. Die Autorin hat bewusst die Form des Reimens gewählt, um mit ihren Aufzeichnungen niemandem nahe treten zu wollen. In vielen Einzelepisoden erzählt sie Szenen aus dem täglichen Leben.

ISBN 3-900693-51-X · Format 13,5 x 21,5 cm · 70 Seiten · € 11,90

novum
VERLAG